JN439210

바닷물고기 나라

국립중앙도서관 출판예정도서목록(CIP)

바닷물고기 나라 : 박만진 시집 / 지은이: 박만진. -- 대전
: 지혜 : 애지, 2018
p. ; cm. -- (J.H classic ; 017)

ISBN 979-11-5728-261-6 03810 : ₩10000

한국 현대시[韓國現代詩]

811.62-KDC6
895.714-DDC23 CIP2017035368

J.H CLASSIC 017

바닷물고기 나라

박만진

지혜

시인의 말

산에 가면 뻐꾸기시계가 아닌 진짜 뻐꾸기 울음소리를 들을 수가 있다.

나 어릴 때의 길은 고픈 배가 더 꺼질까 봐 결코 높은 산을 오르지 않았다.

누군가 절을 찾아 올라가는 가파른 길이 있기는 했다.

나무꾼 형들의 뒤를 따라 칡뿌리 재까지 오르다 보면 다람쥐, 꿩, 뱀들이 달아나는 길 없는 길이 있었을 뿐이다.

길 없는 길이 굴뚝 연기처럼 새털구름에 오르려는 것일까?

지게가 아닌 배낭을 메고 울긋불긋 이어지는, 이즈막 길은 높은 산 정상까지 오르고 있다.

2018년 첫날 아침에
박만진

차례

1부

2부

3부

4부

• 일러두기
한 연이 첫 번째 행에서 시작될 때는 > 로 표시합니다.

1부

참새

사철나무에서 포르르 쏟아져 내리는
앙증맞고 바지런한 저 모양새 보아!

지구촌 이 세상에 예쁜 목소리랑
예쁜 옷을 입은 예쁜 새들이 많지만

방앗간이라는 말이 슬며시 떠오르는
참 살찐, 되우 좋은 이름을 가졌구나

귀가 어둔 소리로 재잘거리는 짓이
설마한들 나를 허수아비로 아는 것이냐

오호라! 너희 녀석들 수다를 번역하여
동화책 한 권 펴내면 명작일 듯싶구나

올 다섯 살, 세 살 난 외손녀들이
구구, 구 구 비둘기를 부르듯이

참새를 참 새라 띄어 일컬으니
먼 산 뻐꾸기 아닌 뻐꾸기시계가 울고

>

참새든 참 새든 뭇 새들 중에서
참 좋은, 으뜸가는 이름을 가졌구나

마음의 저울

애초부터 마음에 무게가 없으니
마음의 저울이 있을 리 만무하지

희로애락은 다 마음에서 비롯되니
몸의 저울에 덧셈을 할 수가 없지

그러나 마음이 무거울 때가 있고
새털처럼 사뭇 가벼울 때가 있지

저 소나무 한 그루 바늘잎들이
허공을 가득 움켜쥔 욕심을 보아!

대나무 숲도 아닌 창창한 세월을
초침이 잘고 잘게 시간을 쪼개지

못내 가슴앓이 하는 어리보기 사랑을
마음의 저울이 없어 그대 알지 못하나

비에 젖은 구름이 무거운 것처럼
슬픔에 젖은 마음이 무거울 뿐이지

>

이제 바닷가 어느 소년의 풍선이듯
안녕, 안녕, 슬픔의 끈을 놓으려니

우리나라 지도

0

1

책상 서랍 속에 오래도록 간직해 온
그림 복사본 한 장,
호랑이 모양을 닮았다고 하고
토끼 모양을 닮았다고도 하는
대한민국 지도에 무용수를 그려놓고는
조국은 하나의 몸이라 쓰고

2002년 8월 15일
평양 손님 대표 김동환이라 서명도 했네

2
비무장을 지키기 위해 무장을 한
남과 북의 현실이 안타깝기 그지없네
38선은 우리나라 허리,
나라의 허리가 아프니
우리 허리가 아플 수밖에
너나없이 자주 허리가 아픈 까닭은
녹슨 가시철조망,
바로 그 동티 때문이 아니겠는가

한 켤레

사람의 혀,
사람의 발바닥을 닮았으니
누군가의 아픔을
자칫 밟지 마라

참 다정한 손바닥처럼
어루만지고
보듬고
도닥여 주라

잘 씻은 고무신이듯
가지런히 놓인
귀 또한
한 켤레가 아닌가

의자를 비롯하여

다리가 네 개인 의자는
언제든 앉아 있으면 편안하다
애오라지 그대와 마주앉아
차 한 잔 함께 하니 더없이 좋다
의자는 다리가 네 개지만
깡충깡충 토끼처럼 뛰어다니지 못하는 까닭에
땡볕 느티나무 그늘처럼 안전하다
티브이 동물의 왕국을 지켜보니
정글에서는 코끼리가 훌륭하고
낙타야말로 사막에서는 마침맞다
반려견도 다리가 네 개라서
똥을 누거나 꼬리를 치는 일에 안성맞춤이다
이제까지 운전을 배우지 못한 나는
다리가 둘이라서 늘 불안한가
경주마 다리쯤에 바퀴를 달고
서해고속도로를 씽씽 오가는
버스, 화물차, 승용차들도
바퀴가 네 개라서 마뜩한 것이다

하룻밤 머문 암자에서

흐느끼며 우는 어느 여인처럼
간밤에 가을비가 흐느끼며 울더니
추적추적 나부끼던 은행잎이
하릴없이 우수수 지는 것이다
은행잎은 영락없이 부채 모양이다
마침맞은 손잡이도 있어
책갈피에 꽂아 둘 요량으로
샛노란 몇 개 주워드니
벌레 먹은 흔적 하나 없이 말짱하다
꽃나무 잎도 아닌 은행잎을
벌레들조차 좋아하지 않나 보다
은행잎나물 제법 맛있을 듯싶은데
벌레들이 먹지 않는 이파리들을
사람들도 용케 먹지 않는다
문득 내 소년의 흰 토끼들에게
춥고 배고프지 않은지 묻고 싶다
하룻밤 묵은 암자 스산한 마당에서
낙엽 가운데 은행잎, 단풍잎,
감잎, 오동잎, 플라타너스 잎 정도만
겨우 이름을 아는 내가

웃으시는 노스님께 합장을 하며
싸리비를 들고 멈칫거릴 뿐인데
감히 어찌 낙엽을 가리켜
쓰레기쯤으로 여기겠는가

종이 나무

나무여, 종이 나무여!
너희 속살이 이리도 흰 것이냐

자칫 어긋난 A4 용지를 추스르는데
차마 눈물이 핑 돌고
콧마루가 시큰거리는 것을

어쩌면 두루마리 화장지처럼
제 스스로 풀리는 나날들을
세월이란 이름으로 되감아 보느니

나무를 보고 종이를,
종이를 보고 나무를 은혜 하는
그늘 같은 그림자 어디 계신가?

가문비나무, 분비나무,
미루나무, 황철나무, 닥나무가
종이 나무이기는 하지만

종이나무라 이름을 가진 나무가 없어

이 시의 제목부터
종이 나무라 띄어쓰기를 하거늘

나무여, 종이 나무여!
무릅쓰는 너희 희생에 대하여
판수처럼 캄캄하기만 하였으니

미안한 벌레 몇 마리 기어 다니는
내 마음 되우 굼실거릴 수밖에

새해 첫날에

세상을 망망 바다라 일컬어도 되나

너와 내가 헤엄치며 허우적거리고

허우적거리며 헤엄치는 것이 맞나

나와 네가 바닷물고기라 해도 되나

교회 첨탑의 십자가가

어둠을 밝히는 등댓불이라 해도 맞나

아니, 망망 바다 이 세상에

등대들이 너무 많지 않나

십자가 첨탑의 교회도 줄곧 늘어나는데

사람들이 왜 차츰 사나워지고

>

사람들이 왜 차츰 어두워지나

기도의 마침표가 아멘Amen인가

하느님의 말씀은 빛이 넘치는데

목사님들의 설교에 빛이 모자라나

어미 염소의 노래

하늘을 가르며 나는 매도
매– 하고 울지 않는데

저 새의 이름을 결코 알 리 없는
어미 염소 한 마리가
풀밭에서 매– 매– 우는데

말뚝에 매달라고
매– 매– 우나, 울었었나

이제 그만 풀어달라고
매– 매– 우나, 울었나

말뚝이 컴퍼스도 아닌데
이따금씩 반원半圓,
또는 원圓을 그리며

초록 풀만 먹고 싸는
씨앗 같기도 하고
알약 같기도 한 까만 똥이

>

어쩌면 저리도
똑 고르고 예쁜 것일까

매– 하고 부르면
매– 하고 대답하며

아직 어린 새끼들이
어미 염소 근처에서
아랑곳없이 뛰노는데

감감무소식인 아비 염소를 찾아
행여 멀리멀리 갈까 봐

또 다른 말뚝들에 매달라고
매– 하고 우나, 우는 것인가

가을배추

포기를 키우는 일을
포기할 줄 모르는 배추

볏짚 한두 가닥으로
허리를 묶어줄 때까지
줄곧 속살을 찌우며
포기를 키우는 일을
결코 포기할 줄 모르는데

(나는 왜 이즈막에
포기하는 일이 잦은 것인가)

혹시 배추벌레 한 마리쯤
얹혀살고 있지 않나싶어
배추 한 포기 살펴보니
꽉 찬 속살이
저 얼마나 예쁘고 여린 것인지

참 보송한 채마밭 흙살
가을배추 포기에서

봄 병아리 몇 마리
삐악거리며
뛰쳐나올 것만 같은

파도리

기쁨, 그대는 내 친구
슬픔, 그대도 내 친구

뭐라 말할 수 없는 바람이지만
못내 간절한 소원을 빌기에
나름으로 알맞은 곳을 알고 있네
소원을 빌기에 좋은 곳이
울기 좋은 곳이네

태안군 소원면 파도리,
파도가 얼마나 사나우면
마을 이름이 파도리라 불렸을까

바위의 알이라고 해야 할지
돌의 알이라고 해야 할지
모래의 알이라고 해야 할지
파도의 알이라고 해야 할지

파도, 사나운 파도가
몸부림치며 흐느끼고

바다 물결이 철썩이며
조약돌을 씻고 있는 것이네

오늘 밤은 바닷가 민박에 들어
파도 소리를 깔고
파도 소리를 덮고
파도 소리를 베고
파도 소리에 젖어 곤히 잠들리라

잠에서 깨어 눈을 비비면
먼동은 하늘의 알을 낳을 테고

비로소 내 간절한 바람도
그리움의 알이던지
외로움의 알을 낳을지 모르겠네

그리움, 그대는 내 친구
외로움, 그대도 내 친구

보이지 않는 검은 눈이

깊은 바다가 있어 높은 산이 있는지
높은 산이 있어 깊은 바다가 있는지

바다의 산이 바다에 있어 섬이라 하는지
뭍의 섬이 뭍에 있어 산이라 하는지

보이는 흰 비가 보이지 않는 검은 비를 먹고 사는지
보이지 않는 검은 비가 보이는 흰 비를 먹고 사는지

사나운 파도가 있어 바위섬이 있는지
바위섬이 있어 사나운 파도가 있는지

흰 구름이 검은 구름을 먹고 사는지
검은 구름이 흰 구름을 먹고 사는지

보이는 흰 눈이 보이지 않는 검은 눈을 먹고 사는지
보이지 않는 검은 눈이 보이는 흰 눈을 먹고 사는지

오늘 토요일

충청도 서산을
서산 토박이말대로라면
스산이라 하는데

스산의 바탕과 정경이
더없이 아늑하고 평화로워
눈이 많이 오는가,
오시는가 보다

너희, 백제의 후예여!
눈이 많이 오는
그 까닭을
굳이 하느님께 여쭙지 마라

오늘 토요일
우두커니 창밖을 바라보니
눈이 내리고,
내려서 쌓인다

향나무며 소나무며

온갖 나무들의
흐드러진 눈꽃 또한 장관이다

함박눈 그치고
지금 하루살이같이 날아다니는
눈, 눈, 눈……

덧없는 생각 홀연 깨우치니
함박눈은 물론이고
모든 눈들이
흰 눈이라서 얼마나 다행인가

만약에 흰 눈이 아니라
검은 눈이 내린다면
재앙이라고 말하기에 앞서
캄캄한 지옥일 것을

로봇처럼

서고 걷고 뛰는 다리에
접을 수 있고
펼 수 있는
무릎이 있어 천만다행이다

기계처럼
로봇처럼
아니, 로봇을 만든 사람처럼

층층 계단을 딛고
오르내릴 수 있는
무릎도 쌍둥이니
그 얼마나 안성맞춤인가

피아노 음계 같기도 하고
아닌 것 같기도 한
다람쥐 쳇바퀴 같은
일상의 층층다리,

지금 계단을 오르며

저벅거리는 내가
층계를 세는 것이 아니라

내 발걸음을
하나 둘 셋
잠자코 헤아리는
층계, 층계, 층계……

유모차

누구든지 나이가 들면
어린아이가 된다고 하더니

낮달처럼 유모차를 밀고 오는
저기 저 할머니 보아,

아뿔싸!
밀고 오는 것이 아니네

칭얼칭얼 보채다가도
방긋방긋 웃는

별처럼 초롱초롱한 어린아이가
유모차에 앉아 있네

유모차를 밀고 지나는 이는
어린아이의 젊은 어머니네

어느 날은 공원에서
어린아이가 된 할머니를

>

어느 날은 골목에서
할머니가 된 어린아이를

운동 삼아 오고가며
물끄러미 만나곤 하네

곰탱이의 어원

곰이 미련하다고요? 물론 길짐승, 날짐승, 물짐승들에게 물어본 적이 없을 테고요

말미암은 다른 동물들이 하는 말이 아니라 사람이 하는 말이겠지요

서울대공원 동물원 곰에게 물어보면 두말할 나위 없이 분명코 사람이 미련하다고 푸념하겠지요

재주는 곰이 넘고 돈은 되놈이 받는다고요?

그래요, 재주는 곰이 넘고 돈은 동물원측과 사육사가 벌겠지요

이를테면 타고난 재주로 짐짓 미련한 척 할 뿐 곰이 정말 미련한 것이 아니어요

마냥 재미있게 지켜보아 주는 구경꾼은 역시 미련한 사람들뿐이지요

얼마나 미련하기 그지없으면 미련한 척하는 연기를 보고 좋아할까요?

절대로 미련하지 않다고 여기며 미련한 줄을 모르는 사람들 염려 덕분에 그럭저럭 놀고먹으며 살아갈 수가 있지요

굳이 어렵게 사냥을 하지 않고도 나름으로 적당히 재주를 부리며 사람의 눈요기나 해주면 그만이지요

지난날 우연히 어느 남편이 자기 아내에게 미련 곰탱이라 윽박지르는 광경을 본 적이 있어요

검은 머리 파뿌리 될 때까지의 약속을 깜빡 잊었던 모양이에요

미련 곰탱이라는 말이 곰을 빗댄, 차마 입에 담지 못할 욕설인 줄로만 알았지요

못내 궁금하여 국어사전을 찾아보니 곰탱이의 어원이 곰의 잠자리를 말하는 것이지 뭐예요

곰의 습성이 풀을 둘둘 말아 방석이나 침대처럼 만들어 놓고는, 그 위에서 웅크리고 잠을 잔다는 사실을 미처 몰랐어요

어쩌면 영락없이 아파트에 홀로 사는 내 모습을 쏙 빼닮았을까요

지난날 우연히 어느 아내가 자기 남편에게 미련 곰탱이라 윽박지르는 광경을 본 적이 있어요

2부

채마밭 오후

호밋자루를 잡고 풀을 매는 할미와
할미의 손을 잡고 풀을 매는 호미가
닮아도 많이 닮았다

초여름 뙤약볕은
내리쬐는데,

호미 할미의 혼잣말과
할미 호미의 혼잣말이
동구 밖에서도 낯설게 들리지 않는다

무르익은 밤에

무르익은 밤에 저 하늘의 별들도

하늘에서 보면 총총한 불빛일 게야

이 지구촌의 불빛들도

하늘에서 보면 총총한 별일 게야

아뿔싸! 그렇다면 여기저기 반짝이며 날아다니는

반딧불이의

반딧불은 뭐지?

바닷물고기 나라

오른쪽 눈은 가자미
왼쪽 눈은 넙치

그러나
바닷물고기 나라에서는

좌파라
우파라

울근불근
서로 싸우지 않는다

오목을 두다

모처럼 바둑판을 꺼내

오랜만에 만난 친구와

바둑이 아니라 오목을 두다

서로 얼굴 늙바탕에서

흰 두 점, 검은 두 점의

꿍꿍이셈이

잠시간 멈칫거리니 말이지만

여보시게나!

오목이 아니라

칠목七目 아닌가

달밤 달빛이

달밤 달빛이 아깝다

하늘과 호수에

달도 둘이련만,

조요照耀한 이 호숫가를

그녀와 둘이서 거닌다면

얼마나 좋을까

내 곁의 그림자 하나

사무치도록 외롭다

모시옷 입다

옷이 날개라는 말이 참인가

한산 모시옷을 입으니 알 것 같다

풋풋한 차림이 새뜻하다

마치 목욕을 하고 나설 때처럼

집비둘기 날개쯤도 아닌

고추잠자리가 달고 있는

고것만한 날개를 얻어

하늘 날 수 없지만 날 것만 같다

날개가 옷이라는 말도 맞는가

먹빛 모시 날개 잠자리 한 마리가

>

훗훗한 바람 모시밭 모시풀에

앉을 듯 앉는 듯 날아다니다

가을밤

귀뚜라미와 탁상시계의

기 싸움이

밤새껏

끝날 것 같지 않습니다그려

초겨울 낚시

나는 오리다
집에 사니 집오리다

오리털이 따듯한
오리다

오리걸음 꽥꽥-꽥
오 리쯤은 오갈 수 있지

나는 오리다
물에 노니 물오리다

아프리카의 뿔*

아프리카, 얼마나 아프리까

낮과 밤을 불구하고
검은 망사를 쓰고 다니니
누가 누구인지 잘 모르겠고

검은 대륙이라 일컫지만
유전 지대가 아니라
어둠의 땅이란 말이니

내란에
빈곤에
질병에

얼마나 아프리까, 아프리카

검은 얼굴에 또 다른
복면을 하고 숨죽이는
아프리카의 뿔이 더욱 문제이고

>

흰 코뿔소를 몰아낸
검은 코뿔소에
걸핏하면 받히고 짓밟히니

아프리카, 얼마나 아프리까

* 코뿔소의 뿔 모양을 닮은 아프리카 동북부의 총칭.

바다 안개

바다 안개, 반갑지 않은 손님이다
안개 자욱하여
바닷가 마을도 사람도 없고
바다도 섬도 없고
하늘도 산도 없다
오로지 사위四圍에 안개 세상이더니
바다 안개 서서히 걷히고
거울처럼 빛나는 날씨에
저마다 서로가 반가운,
그물 손질에 분주한 이웃들 표정이 밝다
맨손으로 바닷물고기를 잡던
고기 반 물 반이던 시절에
거미집을 짓는 거미를
우두커니 지켜보던 그 누군가가
거미와 거미집을 떠올리며
맨 처음 그물을 만들었지 싶다
수백만 평의 질펀한 갯벌에
숭숭 뚫린 구멍들이
농게, 무당게, 달랑게들의 집 아니더냐
그러저러 온갖 게들이

옆으로 기어 다닌다고 빙긋거리지 마라
너나없이 모래 갯벌,
펄 갯벌에 살다 보면 어쩔 도리가 없다
갯벌에 길고 긴 골목을 감추고
낯선 종족을 만나면
돌연 공격 자세를 취하는
저 방게의 집게발 붉디붉다
강산이 몇 번 변하기 전 어느 날
갯벌에 기어 다니는 황바리들을
물끄러미 지켜보던 그 누군가가
황바리의 집게발을 떠올리며
맨 처음 포클레인을 만들었지 싶다

구름 농사

하늘은 구름을 먹고 살지

땅 위와 바다 위에

구름 농사를 지으며

푸르디푸르고 그윽하게 살지

해와 달과 뭇 별들,

신神들과 천사들과

눈을 감은 목숨들의 영혼들이

구름 농사를 먹고 살지

하늘은 구름 농사를 지으며

흰 구름이든 먹구름이든

>

먹고 남는 구름으로

흐리고 흐린 날을 잡아

지구촌 곳곳에 비를 내리지

구름 공장

하늘에 구름이 없다면
구름을 영영 볼 수가 없다면
나는 이 땅에
구름 공장을 세우리
구름이 며칠째 해를 가려
궂은 날씨가 계속된다고
푸념들을 하니 말이지만
화력과 원자력,
조력潮力과 태양광과 풍력으로
발전소를 세우고
코스피 시장이든
코스닥 시장이든
앞 다투어 상장하는 세상에
아메리카 카우보이 시가Cigar처럼
굴뚝을 입에 문 공장,
우뚝우뚝 일으키지 않을 수가 없으니
오로지 나는
구름 공장을 세우리
하늘에 구름이 없다면
구름을 영영 볼 수가 없다면

우리 어찌 살아갈 수 있으리
결코 바람 불지 않고
비도 내리지 않을 것이니
물이 없다는 얘기와 같지 않은가
아직은 고려해 본 적 없지만
구름 공장 주식을 시장에 상장하면
삼성전자 주가에 비해
몇 십, 백 배 호가하리니

몸과 마음

몸과 마음은 하나네
아니, 둘이네
몸은 몸이고 마음은 마음이네

ㅁ이 위아래에 하나인
몸의 참뜻을 아시는가?

ㅁ이 나란히 둘인
마음의 참뜻을 아시는가?

몸과 마음은 부부와 같아
하나가 되기도 하고
둘이 되기도 하네

몸과 마음은 둘이네
아니, 하나네
몸이 마음이고 마음이 몸이네

벌써 벚꽃이 지다니

벗과 함께 거닐던 호수공원
지난 이렛날 벚꽃 만개했었지

눈처럼 흰 벚꽃, 누가 맨 처음
벚꽃이라 이름을 붙였을까

누구는 벚꽃이라 해도 좋고
누구는 눈꽃이라 해도 괜찮겠네

걸쭉한 여물죽 같은 생각을
고즈넉이 황소처럼 되새김질하는데

황홀한 벚꽃,
꽃비가 내린다고

또 다른 벗이 까꿍, 까꿍
문자를 보내오는 것이네

서운한 마음 걸음 앞세워
운동 삼아 호수공원을 찾으니

>

눈처럼 흰 벚꽃, 꽃비가 아니라
꽃눈개비로 내리는 모양이

누구는 눈꽃이라 해도 좋고
누구는 벚꽃이라 해도 괜찮겠네

두 마리 치킨

한 마리 값에 두 마리를 준다고 하여

호식이 두 마리 치킨을 전화 주문했네

닭발이 네 개 닭똥집이 두 개일 텐데,

40분쯤 지나 딩동댕 배달이 온 모양이

닭발과 닭똥집이 없어 못내 서운하네

입맛조차 가슴살을 좋아하지 않는데,

펩시콜라 한 병 덤으로 보내지 말고

닭발과 닭똥집을 주면 더 좋지 싶네

술안주로 닭발과 닭똥집이 별맛인데,

치킨가게 사장님도 그 사실을 모르고

>

치킨가게 단골조차 그 사실을 모르나 보네

날개를 자시면 바람날 거라 웃는데,

모름지기 닭다리 두 개를 먹으면

닭 한 마리 다 먹은 셈이라 응수하네

칠갑산 풍경

태초에 땅의 바닥에
칠갑산이 솟았을 터

하느님의 거울이듯
천장호수가 반짝이네

저기 보아, 억새반지기
까투리 장끼 한 쌍

소나무 중 소나무에
산 까치 깍깍 깍 짖네

바로말로 집도 있어
집에 살던 외톨이가

금실 좋은 칠갑산과 천장호수
노부부에 문안드리네

어느덧 땅거미 지고
쓸쓸한 바람 불어

>

아픈 별 하나 뜯어내면
밤하늘이 주르륵 더운 피를 흘릴까

수런거리는 땅의 바닥에
천장호수가 파였을 터

하늘같은 어르신으로
칠갑산이 솟아 있네

3부

아버지 생각

막걸리를 보면 아버지 생각이 절로 난다
주전자 들고 술심부름 가던 생각이 난다

나는 왜 술에 취한 아버지를 미워했을까

수업료를 몇 달째 밀린 사유로
몇 차례 교무실에 불려 다니고
나머지 화장실 청소를 한 것이 뭐 그리 대수인가

읍내에 나가 목이 마르고 마를 때에
애오라지 걸쭉한 막걸리 한잔 자셨을 게다

외상 술 한 잔 또 한 잔,
시금시금한 김치주저리 안주 삼아 자셨을 게다

젓가락 장단에 육자배기 잡가 부르다가
갈之자 걸음으로 집에 돌아올 때면
만고강산 단가를 부르시곤 했다

나는 왜 술에 젖은 아버지를 멀리했을까

>

찢어지게 가난했던 아버지의 캄캄한 어둠을
철없던 나이라서 이해하지 못했었다

읍내에 나가 배가 고프고 고플 때에
애오라지 텁텁한 막걸리 몇 잔 자셨을 게다

물 항아리

장독대가 마을인 항아리
뚜껑들이 지붕이었다

먹어도 배가 부르고
안 먹어도 배가 불렀다

가물 뙤약볕 외다리 황새
끼루룩 피울음 울면

피죽조차 끓이지 못해
이틀을 굶은 적도 있다

보릿고개 깜부기 뽑아
보리피리 불며 견뎠다

뚜껑들이 지붕인 항아리
장독대가 마을이었다

꽃처럼 예쁘던 울 엄니
줄줄이 육 남매를 낳을 때까지

>

물 항아리만큼은 언제나
부엌 안에서 잘랑거렸다

군고구마장수

상계동 영신여고 앞
시내버스 종점

희끗희끗한 초겨울의
쓸쓸한 어둠들이

상처 나기 쉬운 불빛을
바바리코트처럼 걸치고 있다

하루살이 같은 첫눈
날, 아, 다, 니, 고,

오선지 같은 길에
오고가는 사람들
저절로 음표가 되거늘

우리 어찌 살아보지 않은
내일을 크게 걱정하랴

집게손으로 코를 풀던

아버지 돌아가시고

콧마루가 찡 울릴 때마다
어머니 집게손으로
코를 풀긴 했어도

요즘 세상에 집게손으로
코를 푸는 이가 있다니,

군고구마를 살까
잠시간 멈칫거리다가
그대로 총총 지나쳐 버렸다

뭉클,

대학로 동숭아트 바로 건너편과 뒤쪽에
소극장 '강강술래'와 '왕과 시'가 있었네
품바 연출자이며 사장님이던 김시라 형이
어느 날 시집 세 권을 펴내
가장 먼저 내게 준다며 사인을 해주는데
그 글씨가 얼마나 굵고 크던지
박재삼 시인이 문득 떠오르는 것이었네
서정시와 전라도를 사랑하여
시라詩羅라는 이름을 가지게 되었다는데
이를테면 전라도 무안이 고향인
시라 형의 예명藝名인 것을 잘 알고 있었지만
한 번도 본이름을 물어 본 적이 없고
한 번도 본이름을 밝힌 적이 없었네
나보다 두 살 위인 시라 형이
아우로써 늘 반갑게 대해 주어
줄곧 나도 형으로 따르며 신세를 지곤 했었네
시라 형이 평소 가까이 지내던
중광 스님, 이외수 소설가와 함께
벽시壁詩 동인을 만들자고 했는데
벽시가 벽보가 되어서는 안 된다는 둥

세 분들처럼 내가 유명세가 없지 않느냐고
저어하며 잠시간 머뭇거리다가
전라도 순천의 송수권 시인과
대구의 문인수 시인이 함께 하면 좋을 듯싶다며
뜬구름 속에 눈썹달처럼 슬쩍 숨기도 했었는데
그 다음해에 시라 형이 저승길로 떠나
결국은 아쉽게도 흐지부지 무산되고 말았네
그러저러 서산에서 서울에 올라와
지하철 3호선 충무로 승강장에서
시 한 편을 읽게 되었는데
웅숭깊은 시라 형이 뭉클, 생각나는 것이네

성주 참외

— 문인수 시인

참외 그 맛의 으뜸은
성주 참외라고 하네

서울 가락동 청과물 경매시장이라도 다녀왔는지
동부시장 어느 과일가게 사장은
성주 참외가 아닌 데도
성주 참외라고 하네

성주 특산물 참외
대구 특산물 사과와 같은 가게에서 파네

감참외, 개구리참외조차
옛날 맛이 아니라고 하는데

성주 참외 같은 사내
광역시 대구에 살고 있네

옛날 그 맛이 나는 사람,
옛날 그 맛이 나는 시,
대구의 문인수 시인이

마침맞게 경상북도 성주가 고향이라 하네

달북*을 무릎 바로 앞에 놓고는
채와 북 사이, 동백 진다**고

판소리 흥부가興夫歌 같은 시 한 수 뽑고자
오늘도 목청을 가다듬겠네

* 문인수 시인의 닉네임.
** 문인수 시인의 시 제목.

팔봉산 감자

계란형만이 꼭 미인형인 것은 아니지

어느 해 귀농한 불알친구가
밭을 일궈 보내 준 팔봉산 감자,

그 감자의 생김생김에서
또 다른 미인형을 마음으로 그려 보는 것인데

말미암은 생뚱맞은 짓이 아니니
뚱딴지같은 생각이라 낮잡지 말게나

감자 색을 살색이라 귀띔해야 할지
살색을 감자 색이라 귀띔해야 할지

압력밥솥에 찐 감자 껍질을 살짝 벗기고 보니
송두리째 다 흰 살이고
송두리째 다 흰 밥인 감자,

혹시라도 감자에 씨가 있다면
토마토같이 다른 맛이 날지도 모르지

>

설마해도 감자에 가시가 있다면
제주 은갈치같이 다른 맛이 날지도 모르지

어느 날 귀농한 불알친구가
밭을 거둬 보내온 팔봉산 감자,

미인형이 꼭 계란형인 것만은 아니지

돼지 저금통

틈틈이 먹이를 주어
몇 년쯤인가 키운
황금색 돼지 저금통

몸집은 늘 그대로이고
무게만 차츰차츰
늘어났을 뿐인데

하필이면 돈가뭄이 극심할 때에
꼭 필요한 돈이 있어
어쩔 수 없이 돼지를
내다 팔 요량이거늘

다행히도 은행에서
수매를 해준다니
이십만 원쯤 족히 받았으면 싶은

오호통재라!

장군, 하면
멍군, 하고

미합중국과 중화민국이
장군과 멍군이 되어

어쩌면 대한민국을
장기판의 졸卒로 보는 것 같은데

남과 북 삿대질을 하며
티격태격하고

끝내 서로 멱살을 잡고
울근불근하다니,

영락없이
졸卒의 꼬락서니 아닌가

중화민국과 미합중국이
장군과 멍군이 되어

>

장군, 하면
명군, 하고

물초롱 물이

신당동, 도선동, 유락동이
경계로 어우러진 서울 달동네
공동 수돗물 앞에
긴 줄을 서서
차례를 기다리던
옛 생각이 불현듯 떠오르네

지난한 긴 골목
가파른 비탈길을
물지게를 지고
오르내려 본 사람만이 알리라

중심을 잡으려고
못내 애를 써도
갈고랑이에 매달린
물초롱 물이
우로 좌로 출렁이고
좌로 우로 찰랑이는 것이네

차량들이 오고가는

왕십리 길 파도 소리에
한강물도 아닌 수돗물이
찰랑, 찰랑이고
바닷물도 아닌 한강물이
출렁, 출렁이는 것이네

선풍기 바람 속에

머리를 감고 나서
나는 늘 헤어드라이어가 아니라
선풍기 바람으로 말린다

여름이 가고
가을이 와도
들여 놀 걱정 없는 선풍기가
마치 제자리인 양 눌러앉아
콘센트 그 바로 옆을 지키고 있다

눈보라 사나운 겨울에도
머리를 감고 나서
선풍기 바람으로 말린다

누구든 한 번쯤
선풍기 바람으로 머리를 말려 보라
얼마나 상큼한지,
가뿐한지 모른다

선풍기 바람 속에

아주 먼 보리밭이 출렁이고
까까머리 소년이
수수깡 바람개비를 들고
푸른 들녘을 달려오는 것이다

거꾸로 쓰기

책상 서랍을 정리하다가

빛바랜 대학노트를 살펴보니

아버지가방에들어가신다

묵근놈은 묶은 놈의 잘못된 표기지만

묵근놈은 어찌 거꾸로 써도

그대로 묵근놈이 되는가

제발 하릴없는 모나미 볼펜이여!

시를 긁적이다가 시가 잘 안 되면

A4 이면지에 거꾸로 쓰기를 하지 마라

곰이 문이 되고 문이 곰이 된다

놈은 묵이 되고 묵은 놈이 된다

무논 거울

거울만이 거울이 아니다
책 속에 길이 있다고 하지만
길은 없고 거울은 있다

일찍이 돌아가신 부모님이랑
학창 시절의 선생님들은
한 번도 호호 닦아드리지 못한
벌써 오래된 거울이다

이 세상에서 누가 제일 예쁘냐고
굳이 거울에게 묻지 마라
울 외손녀 두 공주님이 제일 예쁘다

흰 구름과 잔잔한 호수와
저녁노을과 보름달과
국자 모양의 북두칠성이 거울이고

흐르는 세월과 강물과
수평선과 지평선과
봄날 아지랑이가 거울이다

>

농부의 일손이 바쁜 모내기철에
트랙터 써레질 이미 끝나고
백로白鷺 한 마리 기울거리는,
하느님도 무논 거울을 살피신다

허리가 아프다

수렁배미 논보다
그 아랫배미가 좋다

벼농사를 짓는 사람이
고봉밥을 먹긴 하지만

참깨농사를 짓는 사람이
참기름을 더 많이 먹고

소를 키우는 사람이
소고기를 더 많이 먹을 거라고

애써 풋콩 까듯
어설피 생각지 마라

더 못 먹는다
더 못 먹는다

새벽이슬, 저녁이슬에
더 많이 젖고

>

잔잔한 별, 총총한 별들
더 많이 본다

말미암아 우리나라 처지처럼
허리가 아프다

계절의 수염

1

늦가을 모처럼 산에 오르다가
지천인 억새꽃에 넋을 빼겼다

억새꽃은 꽃이 아니라 수염이다
산의 수염, 산신령의 수염이다
바람이 부니 바람의 수염이다

여름날 억새의 풋풋한 잎이
아랫마을 얼룩소의 밥이 되기도 했을

그래, 그래, 억새의 수염이다
아니, 아니, 계절의 수염이다

2

늦가을 모처럼 강가를 거닐다가
지천인 갈대꽃에 넋을 잃었다

갈대꽃은 꽃이 아니라 수염이다
강의 수염, 강물의 수염이다

바람이 부니 바람의 수염이다

여름날 갈대의 촉촉한 잎이
윗마을 검정 염소의 똥이 되기도 했을

그래, 그래, 갈대의 수염이다
아니, 아니, 계절의 수염이다

까치밥 소묘

지금까지 줄곧 감을 즐겨 먹지만
감기에 좋다는 그 사실을 몰랐네

(감기와 감의 말뜻 유래에서
나는 왜 진작 알아채지 못했을까?)

겨울 먹거리 담뿍 거둬들이면서
까치밥 몇 개 남겨두었더니

이웃 지붕 위에서 까치가 짖고
옆집 대문 안에서 개가 짖는데

까치가 아니라 콩새가 먼저
까치밥 한 개 쪼아 먹고 있네

그러나 까치는 마냥 기꺼워하며
콩새를 도둑이라 쫓아내지 않고

콩새 그만 어디론가 날아간 뒤에
감나무 가지에 내려와 앉더니만

방금 전에 콩새가 쪼아 먹던
까치밥을 콕콕 찍어 먹는 것이네

꼭두새벽에

캄캄한 어둠이
얼마나 두려웠으면
울다가 웃다가
자살까지 생각했느냐?

귀뚜라미야!
미안하구나,
미안해

어제 다 늦은 저녁에
세숫대야 물을
버린다는 것이
그만 깜빡 잊고 말았구나

너희 세 마리가
작은 물에 뛰어들어
죽을 것이라고는
미처 몰랐구나

내 탓이구나

내 탓이구나
내 큰 탓이로구나

이 가을 꼭두새벽에
수돗가에서
너희 주검을 바라보는
내 마음 영 시리구나

4부

안면도 · 1

— 소나무

이따금 안면도에 가면
새롭지 않은 데도 새로운 것이

소소리 높은 느낌표들
울울창창한 때문이리

아아, 저절로 감탄사에
매번 입을 다물지 못하겠네

2002 안면도국제꽃박람회

지구촌 꽃, 꽃들이 제법 어우러져
한 번쯤 뽐낼 만한 곳으로

대를 이을 기둥 같은
아들이 없는 내겐
사위로 삼고 싶은 기둥감 너무 많아

백년손 사윗감 하나
딱 부러지게 점찍지 못하겠네

안면도 · 2

— 벙술만

내가 사는 서산에서 안면도까지는 그리 녹록한 거리가 아니에요 일요 한나절에 신야리 줄밭머리에서 왕벚나무 전지를 하는데요 오는 길에 보니 중장 농협 창고 앞마당에서 벼 수매가 한창이던데요 궂은 날씨이든 맑은 날씨이든 날씨야 줄곧 하늘에 살고 태양은 하느님의 옥새가 틀림없어요 무릎 아래에 어른거리던 봄이 어느새 내 잔등이에 크고 따듯한 날인을 해주는데요 얼씬거리는 풍경에 쪼르르 내려다보니 벙술만이 바로 서해 바다가 숨겨 놓은 고려청자 호리병이네요 왕벚나무 전지를 하며 밀물과 썰물을 한 차례씩 지켜보았는데요 서해 바다가 비우고 채우는 술이라는 생각이 출렁거리네요 바다가 늘 취해 있는 것을 보아 수평선 너머 더 큰 바다에 고래들이 살고 있나 봐요 쪽배를 타고 가뭇없이 떠나고 싶어요 계백 소년이 사는 백제에 닿고 싶어요 가슴이 두근거리는 첫사랑과 만나고 싶어요 취한 바다를 바라보며 덩달아 취한 나는 아지랑이로 피어오르는 참 호젓한 그리움에 젖어 있는데요

안면도 · 3
— 솔바람

안면도는 줄곧 섬이어라 섬이 보다 작은 섬들을 예수의 열두 제자이듯 거느리고 있는 태안반도의 사랑채 안면도에 오라 가없는 하늘과 가없는 바다, 상큼한 솔바람의 진짜 주인이 될 수 있으리라 연인과 함께라면 좋이 자연휴양림을 오붓하게 거닐어 봄직도 하여라 백사장, 삼봉, 기지포, 안면, 두여, 밧개, 방포, 꽃지, 샛별, 운여, 장곡, 바람아래, 어느 해수욕장을 찾든 절대로 실망할 일은 없으리라 원산도, 효자도, 추자도, 나치도, 삽시도, 장고도, 고대도, 호도, 녹도, 외도, 내파수도, 외파수도, 아름다운 섬 한 점 한 점을 마치 강 건너 마을이듯 건너다 볼 수 있으리라 먼 길을 떠날 때에 더러는 비를 몰고 다니는 사람 왜 없겠는가 망설이던 모처럼의 여행이 죽을 쑤기 십상이거늘 제발 울울한 산성비를 몰고 오지 마라 안면도엔 안면도 비가 오리니 토박이 가운데 누구든 붙잡고 물어 보라 평소보다 섬들이 가깝게 보이는 날에 어찌하여 비설거지를 서둘고 있는가를, 다음날에 영락없이 비가 오는 것을 알 수 있으리라 백사장 항구에 식도락가 붐비고 만선의 깃발을 나부끼는 고깃배들, 꽃게는 꽃게끼리 대하는 대하끼리 붐비고 있어라 할미바위 할아비바위에 지는 꽃지에서의 일몰을 못내 사랑하는 이의 임종이듯 지켜보라 원효처럼 무학처럼 혹시 깨우침을 얻을지 알 수 있는가 여행을 어디로 갈까 망설이는 이가 있다면 모감주나무의 군락지 안면도에 오라

안면도 · 4
— 민박집 '바보성'에서

안면도에서 발이 묶였네
짝사랑도 옛정도 아닌데
파도 소리에 붙잡혀 막차를 놓쳤네

외박을 하는 수밖에
별 도리 없어
민박집 방 하나를 잡았네

바다가 보이는 성,
'바보성'이라!

맘씨 좋은 주인장의 설명에
그럴 듯하다 피식 웃었네

불을 끄고 자리에 누워
잠을 청하네

왜 혼자 자느냐고
왜 혼자 사느냐고

>

집파리 한 마리가
밤새껏 성가시게 하네

술에 취한 잠결인 지라
날이 밝으면 끝장을 보고 말리라,

맘먹고 눈을 뜨니
새벽닭 울고

집파리 한 마리가 아니라
두 마리가
하릴없이 날아다니고 있네

창문을 여니 샛별,
그 어떠한 보석도
저보다 더 영롱할 수가 없네

안면도 · 5
— 파노의 혀

저 오라지게도 시퍼런 년,

정말 미친년이 아니냐고

뭇 사내들을 어지간히 밝힐 듯싶다고

곱씹으며 끌끌 혀를 차다

외끌이 쌍끌이 기선 저인망 그물조차

파도의 혀를 건져 올리지 못해

바다 더우 사나운 것을

부둣가 슈퍼마켓 진열장에

태양초 고추장이며 그린 소주 대병들이

쥐 죽은 듯 숨죽이고

>

바닷물소리 넘쳐흐르는 수족관,

갈매기식당 칼도마 위에서

우럭 한 마리 팔짝팔짝 뛰고 있다

안면도 · 6

— 바람아래해수욕장

뙤약볕 저기, 쌍봉낙타의 함함한 등이듯 고즈넉한 바다 모래 언덕 보아!
어느 날 문득 일어설 것만 같은,
누가 맨 처음 우리말 이름을 지어 바람아래해수욕장이라 일컬었을까
마치 아메리카 인디안 어느 부족 마을 이름 같기도 하네
지나가는 길손이 그 이름에 매료되어 잠깐 들렀다가
한 시진쯤 쉬어가기로 작정하고 오랜만에 바다 풍경을 느긋하게 바라보네
효자도, 원산도, 장고도, 고대도……,
동서東西의 횡렬에 따라 발음도 띄엄띄엄 섬 이름을 밝혀 있네
그야 물론 물에 빠져 있으니 섬이지 뭍에 놓여 있으면 산이었겠네
그제 어제 황소고집을 앞세우고 파도를 갈아엎으며 쟁기질 하였을 바닷바람이
오늘은 쉬지 않고 무논처럼 써레질을 하네
지금 나 졸음의 무게가 천근,
승용차 의자를 눕히고 편지 봉투에 풀을 붙이듯 눈을 붙이려고 하는데
가까스로 오후 새참을 머리에 이고 나온 바람 아낙의 혀를 차

는 말이

—젠장, 낮잠은 무슨 낮잠이람?

세상 곳곳이 싸구려 술집인 줄 아는지 문이란 문을 활짝, 활짝 열어젖히곤

취한 잔소리를 흥얼흥얼 풀어놓으며

시를 쓴답시고 거들먹거리는 꼴값들이라니 정말 게으르기 짝이 없다니까! 라고,

통배추 숨을 죽이는 굵은 소금 같은 푸념을 흩뿌리며

하늬쪽 바다 위를 사뿐사뿐 달려가는 것이네

안면도 · 7
— 빈집을 지키며

빈집을 지킨다는 것은
정말 외로운 일이네
빈집을 지킨다는 것은
어렸을 때나 지긋한 나이가 되어서도
왠지 두려운 일이네

간밤엔 귀를 닫지 못하고
안면도 바닷가 빈집에서 보냈네
애써 서너 시간쯤
조각조각 꿰맨
누더기 잠을 잤다고나 할까

모기상 속에 갇혀서
앵앵거리는 모기들이랑
손발이 닳도록 비는
집파리들을 지켜보다가
오줌이 마렵지도 않은 데도
모기장을 들추고 나가
바람 한 차례 쐬고 들어오고

>

다시 또 마당에 나가
담장 너머를 멀거니 바라보노라니
콩밭은 어둠,
웃자란 옥수수는
바람 신神이 내린 듯 춤을 추네

솔부엉이 울고
먼 불빛,
달 휘영청,
밀려오는 파도 소리에
잠을 청하여 눈을 감아도
잠이 달아나버리고 마는 것을

낮과 밤,
가을과 여름의 이견異見 때문인 듯
초저녁에 굳게 잠근 대문
새벽 이르도록 덜컹거리네

무릎, 그리고 어머니

길을 접어 만든 돌계단을 따라
부춘산 입구 단군전에 들렀다가
길을 접어 만든 돌계단 나무계단을 딛고
부춘산 정상 옥녀봉에 올랐네
무릎을 낳아주신 물결무늬 같은 그리움에
전망대에서 서산 시내를 내려다보니
층층으로 길을 접어 계단 올렸을
아파트 단지들이 짐짓 설계도를 옮긴 듯하고
나 어릴 때의 초가 마을은커녕
초가집 한 채 없네
나 어릴 때의 우리 집은 초가집,
이엉을 얹어 지붕을 하던 늦가을 오후
품을 앗고 품을 갚는
이웃 어르신들의 눈을 피하기에
새참 시간이 더없이 좋아
사다리를 타고 지붕에 올라가
박꽃처럼 하얗게 웃었네
사다리가 계단이고
계단 또한 사다리라는 것을
오늘 비로소 옥녀봉에서 깨달았네

단군전보다 계단이 높아서는 안 되고
옥녀봉보다 계단이 높아서는 안 되고
아파트보다 계단이 높아서도 안 되네
사다리는 가까스로
지붕에 오를 만큼밖에 미치지 못했었네
사다리를 만들었을 나무,
푸르른 나무 나이테 안에 사다리가 있어
공중 높이 무럭무럭 자랐을 테지만
어떤 사다리이든
어느 계단이든
구름에 이르러 구름을 방해해서는 안 되고
철새들이 끼룩끼룩 날아다니는
하늘 허공을 방해해서도 안 되네
언제나 무릎을 꿇은 채로 마루방을 닦고
기도를 하시던 어머니의 모습은
고즈넉한 촛불처럼 성스러웠네

간월도 어리굴젓

천수만 간월암 무학 대사가
태조 이성계에게 진상했다는
간월도 어리굴젓이
어찌하여 어리굴젓이라고 하는가를
서산 본토박이들조차도 잘 모르는
어리굴젓 어리의 참뜻에 대하여
마냥 침묵만을 지키고 있으면
결코 안 되는 까닭이
바로말로 내가 토박이 시인이기 때문이네
일랑 이종상* 화백이
고산 윤선도 영정 그림에 몰두하던 중에
한동안 접신이 되어
식음을 전폐하기까지에 이르러
문득 충청도 땅 서산에 살았던
어린 시절이 생생하여
다음날 아침밥부터
어리굴젓으로 입맛을 되찾았다는데
누군가는 매운 그 맛이 얼얼하여
어리굴젓이라고도 하고
누군가는 싱겁게 담근 얼절이 굴젓이라

어리굴젓이라고도 하지만
김장배추 겉절이의
서산 사투리가 얼절이 아닌가
이를테면 생굴에 잔털 모양의 돌기가 있어
양념이 흥건히 잘 배어드는
간월도 갯벌 바위 모자갈바위
자연산 굴이라야
최상품 어리굴젓으로 제격이고
작은 굴의 참뜻,
어리다의 어리인 것이네

* 서울대 명예교수, 대한민국예술원 회원.

중앙호수공원

지금 오랜 불알친구 셋이서 거닐고 있는
서산 중앙호수공원이
십 몇 년 전만 해도 똥방죽이라 불려 지곤 했네
저수지와 방죽이 같은 말인 것처럼
기왕이면 같은 말이라도 좀 좋이 하면 안 되었나
방죽은 아무 잘못이 없고
방죽은 아무 죄도 없는데
먹고 싸고 먹고 싸는 저희들이
시나브로 똥물을 흘려보내 놓고는
똥방죽이 뭐가 어쩌고저쩌고
세 치 혀로 입방아를 찧다니
기가 막혀 부아가 머리끝까지 치밀곤 했네
목구멍이 포도청인 걸인들이
옹기종기 모여 살던 뚝방촌도 사라진 지 오래고
내가 살던 우리 옛집 자리는
잠실감자탕 체인점으로 한창 성업 중이네
나 어릴 때 우리 집은 집만 하나 덩그렇지
뚝방촌 걸인들보다도 더 못 살았네
걸인들은 굶주리는 일이 없었지만
우리 식구들은 사흘에 두세 끼씩 굶곤 했네

그 맑디맑은 방죽에서 수영을 할 때면
개구리헤엄에 가장 자신이 있었던 나는
짐짓하던 올챙이 적 생각은 하지 않고
이웃 또래 까까머리들에게 마냥 뽐내기도 했네
억새풀 둑 위에 한동안씩 주저앉아
잔잔한 물 위에서 유유자적 노니는
청둥오리 몇 마리 물끄러미 지켜보며
그 수영법을 배우고 싶었지만
날개도 없고 물갈퀴도 없는 나는
숫제 꿈조차 꿀 수가 없었네
세상이 망망 바다라 푸념하시던 아버지 말씀도
넓은잎나무 낙엽처럼 우수수 지고
세월이 흐르고 흘러
똥방죽이라는 이름도 안개처럼 사라지더니만
똥방죽이 호수가 되고
호수가 공원이 되어
가벼운 옷차림들 가벼운 저녁 운동을 하니
저 청둥오리들 물을 차고 날아간 뒤에
분수 쇼가 펼쳐지는 것을 볼 수 있겠네

원효봉에 올라

수도사 수진 스님과
비구니의 어린 시절을 보냈다는
보덕사에 들렀다가
가야산 남연군묘를 찾았네
조선시대 대원군이 가야사를 불태우고
아버지 이구의 묘를 안장하였으니
가야산에 가야사가 있을 리 만무하네
석양봉과 옥양봉 능선의
아늑한 남연군묘는
원효봉을 그윽이 바라보고 있었네
삼국시대 원효 대사가
한두 번쯤 오르내렸을
역사의 뒤안길을 따라 원효봉에 올라
들녘 바다와 바다 들녘을 거느린
도비산을 가까운 섬이듯 건너다보네
상서로운 땅 연암산,
팔봉산조차 부러워하고
절 없는 산들이 더욱더 부러워하는
도비산에 도비사가 없네
애오라지 산 하나를 인연으로

수도사, 부석사, 정각사, 백운사,
동사, 석천사, 도선사가
마치 밤하늘의 북두칠성과 같이
자리를 잡고 있네
스님들의 목탁 소리 독경 소리에
자못 궁금해 하던 UFO가
잠시간 나타났다가 사라져버렸다는
입소문의 안개도 걷힌 지 오래지만
도비산에 도비사가 없네
아니, 아니, 도비산에 도비사 있네
저 도비산이 거느린
바다 들녘과 들녘 바다에
철새들이 끼룩끼룩 찾아드는 것을 보면
일곱 개의 별을 북두칠성이라 일컫듯이
다 같은 부처를 모신
일곱 개의 절을
더불어 도비사라 해도 무방하겠네

방포 꽃다리 위에서

안면도 해변에 바람아래 있으니
태안반도 어디쯤 바람위 있겠네
본토박이를 찾아 알음알음 수소문해 보아,
바람아래는 잘 알고 있으면서
그 누구도 바람위를 알지 못하네
아래 있으므로 위가 있으리라는
절대 생각은 황소고집이 아니네
화창한 어느 날 우연히
희끗희끗한 곱사등이 노인으로부터
새뜻한 귀동냥을 하여
몽산포 어느 산언덕이
바람위라는 것을 알게 되었네
안면도 솔바람 품안에 안고
달디 단 낮잠을 자고 있는
바람아래를 두세 차례 다녀오긴 했지만
해무의 요람에 곱디고운 꿈을 꾸고 있을
몽산포 바람위를 아직 가보지 못했네
대관절 옛사람 어느 어르신이
우리말 이름을 그럴싸하게 지었을까
궁금증이 바다벌레처럼 굼실거리는

안면도 방포 꽃다리 위에서
할미바위 할아비바위 일몰을 지켜보다가
할미바위 있어 할아비바위 있고
할아비바위 있어 할미바위 있음을 깨닫네
어림잡아 십 몇 년 전쯤 됐을까,
안면도 국제꽃박람회의 성공은
해수욕장 금빛 모래뿐만 아니라
울울창창한 소나무 숲이며
예쁜 소녀 꽃지 이름 덕분이네

해설

자연에서 배운 소박함으로

황정산 문학평론가 · 대전대 교수

자연에서 배운 소박함으로

황정산 문학평론가 · 대전대 교수

최근 우리 사회에서 제기되고 있는 화두는 단연 인공지능과 가상화폐이다. 모두 최첨단의 과학문명이 이루어놓은 성과라고 할 수 있다. 전자는 이미 알파고의 사례에서 볼 수 있듯이 인간의 지능을 뛰어넘어 모든 분야에서 인간의 일을 대체할 새로운 존재의 가능성을 보여주는 것이고 후자는 이제까지 시장 경제를 지배하고 있는 화폐의 존재와 운영체제를 순식간에 뒤바꿀 혁명적인 대안으로 부상하고 있다. 하지만 이런 발전된 신문물이 현재와 미래의 인간을 꼭 행복하게 해 줄 것인지 의문이다.

근대 과학의 발전이 신의 독점적 지위를 박탈했다면 현대 과학은 인간에 대한 신비화를 벗겨내고 있다. 알파고가 그것을 잘 보여주었다. 인간만이 가질 수 있는 것처럼 여겨진 직관이나 상상력 역시 좀 복잡한 두뇌활동일 뿐이고 발전된 인공지능은 그것마저 계산해 만들어낼 수 있다. 그래서 철저히 감정이 배제된 냉정한 계산도 할 수 있고 비할 수 없는 큰 공포감도 만들어낼 수 있다. 결국 신이 만든 인간이 신을 지우듯 인간이 만든 인공지능이 인간을 능가하고 그 인간을 대신하는 것이 불가능하지 않을 것이다.

이렇게 기계가 인간을 대신하게 되면 인간 소외는 더욱 심화될 것이고 우리의 삶은 현실에서 뿌리가 뽑혀 가상의 공간에 덧없이 부유하는 형식으로 존재하게 될 것이다. 가상화폐가 바로 그러한 삶의 가장 적절한 사례가 아닐까 생각된다. 이런 덧없는 사이버 공간에 의존하는 우리의 삶의 방식은 우리의 삶 자체를 부박하게 만든다. 인간마저 기호가 되어버려 결국 비인간적인 배금주의는 더욱 커질 것이고 근거를 찾지 못한 우리의 삶은 허무주의로 경도하게 될 것이다. 이런 첨단의 허무로부터 벗어나는 길은 우리의 몸이 근원을 두고 있는 자연의 힘을 다시 한 번 돌아보는 일이다. 박만진 시인의 시들은 바로 이러한 삶의 태도에 대한 언어적 대응이 아닌가 한다.

포기를 키우는 일을
포기할 줄 모르는 배추

볏짚 한두 가닥으로
허리를 묶어줄 때까지
줄곧 속살을 찌우며
포기를 키우는 일을
결코 포기할 줄 모르는데

(나는 왜 이즈막에
포기하는 일이 잦은 것인가)

혹시 배추벌레 한 마리쯤
얹혀살고 있지 않나싶어
배추 한 포기 살펴보니
꽉 찬 속살이
저 얼마나 예쁘고 여린 것인지

참 보송한 채마밭 흙살
가을배추 포기에서
봄 병아리 몇 마리
삐악거리며
뛰쳐나올 것만 같은

—「가을배추」 전문

'포기'라는 동음이의어의 말장난으로 시작해서 마지막 연의 병아리의 '삐악거림'까지 동요적 상상력을 보여주는 작품이다. 하지만 이런 동심의 세계를 통해 시인은 삶의 중요한 한 부분을 우리로 하여금 생각하게 만들어 준다. 배추의 생명력과 그것이 가진 포기를 모르는 힘이 세상의 모든 삶들을 가능하게 하는 근본적인 동인이 된다는 것이다. 그 원천적 생명력에 "배추벌레 한 마리쯤/ 얹혀살"듯이 우리 인간들 역시 이런 자연에 얹혀살고 있는 존재라는 것이다. 세상이 아무리 발전하고 모든 인공적인 것이 세상을 지배하고 있더라도 이 근원적인 힘이 존재하지 않으면 다 헛것일 뿐이다. 왜 가을 배추에서 "봄 병아리 몇 마리"가 튀쳐나오는지는 바로 이것이 말해준다.

또한 시인은 이 자연에서 많은 것을 배운다.

신당동, 도선동, 유락동이
경계로 어우러진 서울 달동네
공동 수돗물 앞에
긴 줄을 서서
차례를 기다리던
옛 생각이 불현듯 떠오르네

지난한 긴 골목
가파른 비탈길을
물지게를 지고
오르내려 본 사람만이 알리라

중심을 잡으려고
못내 애를 써도
갈고랑이에 매달린
물초롱 물이
우로 좌로 출렁이고
좌로 우로 찰랑이는 것이네

차량들이 오고가는
왕십리 길 파도 소리에
한강물도 아닌 수돗물이
찰랑, 찰랑이고
바닷물도 아닌 한강물이
출렁, 출렁이는 것이네
—「물초롱이 물이」 전문

자연이라는 것이 꼭 지금 대부분의 사람들이 살고 있는 삶의 현장인 도시를 떠나 저 멀리 존재하는 것은 아니다. 사실 우리가 살고 있는 모든 공간, 모든 시간은 이 자연 질서가 아직도 굳건히 지배하고 있다. 왕년 산동네 공동수도에서 물을 긷던 추억 속에서도 지금 현대문명이 만들어놓은 거대한 다리를 건너며 내려다보는 한강에도 그리고 복잡한 부도심 "왕십리 길"의 차량들의 흐름 사이에도 자연의 질서는 존재하고 있다. 그것은 바로 물이 보여주는 자연의 성질이다. 시인은 좌우로 찰랑이며 중심을 잡는 물의 힘을 보고 균형 잡힌 사고의 중요성을 깨닫는다. 또한 항상 불안하게 출렁이며 살아온 자신의 삶이 결코 잘못된 것이 아니라 이 균형을 찾기 위한 자연의 가르침을 실천해 왔다는 것이라는 점을 함께 깨닫고 있다. 세상의 분쟁은 바로 이 물의 균형이 없기 때문이다. 좌나 우로 치우치고 하나의 신념을 절대화하는 것은 이 자연의 가르침에 역행하는 것이라는 뼈아픈 지적이, 이 시의 문맥 아래에 깊이 감춰져 있다.

이런 정신적인 부분만이 아니라 인간의 모든 문명은 자연에 대한 배움으로부터 왔다. 다음 시가 이것을 잘 보여주고 있다.

맨손으로 바닷물고기를 잡던
고기 반 물 반이던 시절에
거미집을 짓는 거미를
우두커니 지켜보던 그 누군가가
거미와 거미집을 떠올리며
맨 처음 그물을 만들었지 싶다
수백만 평의 질펀한 갯벌에
숭숭 뚫린 구멍들이
농게, 무당게, 달랑게들의 집 아니더냐
그러저러 온갖 게들이
옆으로 기어 다닌다고 빙긋거리지 마라
너나없이 모래 갯벌,
펄 갯벌에 살다 보면 어쩔 도리가 없다
갯벌에 길고 긴 골목을 감추고
낯선 송속을 만나면
돌연 공격 자세를 취하는
저 방게의 집게발 붉디붉다
강산이 몇 번 변하기 전 어느 날
갯벌에 기어 다니는 황바리들을
물끄러미 지켜보던 그 누군가가
황바리의 집게발을 떠올리며
맨 처음 포클레인을 만들었지 싶다

—「바다 안개」 부분

포크레인이나 그물을 보고 게의 집게발이나 거미를 떠올리는 것은 어찌 보면 좀 유치하기도 하고 뻔한 상상력인 것 같지만 여기에는 시인의 통찰이 들어 있다. 결코 인간은 자연의 질서와 자연이 만들어 놓은 생명의 운용 방식을 넘어설 수 없다는 것이다. 다만 그것의 모방이고 변형일 뿐이다. 하지만 우리는 자연을 정복했다고 생각하고 자연을 인간의 문명과 대립하는 어떤 것으로 간주하여 우리 삶에서 멀리 쫓아내고 있다. 하지만 시인은 우리의 모든 문명 속에 내재해 있는 자연의 질서를 다시 불러내고자 한다. 거기에 변치 않는 진실이 있기 때문이다. 그러한 진실을 다음 시가 시적 형상화로 보여주고 있다.

거울만이 거울이 아니다
책 속에 길이 있다고 하지만
길은 없고 거울은 있다

일찍이 돌아가신 부모님이랑
학창 시절의 선생님들은
한 번도 호호 닦아드리지 못한
벌써 오래된 거울이다

이 세상에서 누가 제일 예쁘냐고
굳이 거울에게 묻지 마라

울 외손녀 두 공주님이 제일 예쁘다

흰 구름과 잔잔한 호수와
저녁노을과 보름달과
국자 모양의 북두칠성이 거울이고

흐르는 세월과 강물과
수평선과 지평선과
봄날 아지랑이가 거울이다

농부의 일손이 바쁜 모내기철에
트랙터 써레질 이미 끝나고
백로白鷺 한 마리 기웃거리는,
하느님도 무논 거울을 살피신다

—「무논 거울」 전문

"책 속에 길"을 찾는 것은 진실을 추구하는 것이 아니다. 거기에는 길이 없기 때문이다. 단지 거기서 볼 수 있는 것은 "거울"이라고 시인은 말하고 있다. 거울은 그 자체가 진실이 아니라 진실의 모습을 비춰 보여줄 뿐이다. 시인은 이 거울을 "저녁노을과 보름달", "북두칠성", "수평선과 지평선", "봄날 아지랑이" 그리고 모를 심기 위해 물을 채워놓은 "무논"에서 발견한다. 그것은 바로 자연의 거울이고 이 거울에 하나님의 뜻, 즉 천상의 진리, 또 다른 말로 하면 순리가 있다고 생각한다.

자연은 우리에게 미학을 선사하기도 한다.

계란형만이 꼭 미인형인 것은 아니지

어느 해 귀농한 불알친구가
밭을 일궈 보내 준 팔봉산 감자,

그 감자의 생김생김에서
또 다른 미인형을 마음으로 그려 보는 것인데

말미암은 생뚱맞은 짓이 아니니
뚱딴지같은 생각이라 낮잡지 말게나

감자 색을 살색이라 귀띔해야 할지
살색을 감자 색이라 귀띔해야 할지

압력밥솥에 찐 감자 껍질을 살짝 벗기고 보니
송두리째 다 흰 살이고
송두리째 다 흰 밥인 감자,

혹시라도 감자에 씨가 있다면
토마토같이 다른 맛이 날지도 모르지

설마해도 감자에 가시가 있다면

제주 은갈치같이 다른 맛이 날지도 모르지

어느 날 귀농한 불알친구가
밭을 거둬 보내온 팔봉산 감자,

미인형이 꼭 계란형인 것만은 아니지
—「팔봉산 감자」 전문

시인은 둥글둥글한 감자의 모습에서 아름다움을 본다. 꼭 계란처럼 미끈하게 균형잡힌 것만이 아름다운 것이 아니라 꾸미지 않은 자연스러움이 더 아름다운 것이라는 점을 말하고 싶은 것이다. 그런데 정작 시인이 하고 싶은 말은 이 자연스러운 아름다움만이 아니라 그 아름다움이 우리에게 불러일으키는 감각의 다양성이다. 감자의 모습이 아름다운 것은 그 감자의 다양한 모습이 우리에게 구체적인 다양한 감각을 일깨우고, 그것이 또 다시 우리에게 풍부한 감성과 상상력을 제공한다는 사실이다. 그렇게 보면 우리의 모든 미적 감수성은 바로 자연에서부터 온 것이고 자연에 근원을 두고 있다고 아니할 수 없다. 시인은 그것을 "감자에 씨가 있다면", "감자에 가시가 있다면" 등의 상상을 통해 우리에게 상기시킨다. 감자는 단지 감자가 아니라 구체적인 자연의 산물이고 감자와 같은 자연 산물로 인해 우리의 감각은 다양해지고, 또한 생생한 구체성으로 되살아나는 것이다.

하지만 자연이 주는 이 아름다움과 진실은 쉽게 인식되거나 주어지는 것은 아니다.

역사의 뒤안길을 따라 원효봉에 올라
들녘 바다와 바다 들녘을 거느린
도비산을 가까운 섬이듯 건너다보네
상서로운 땅 연암산,
팔봉산조차 부러워하고
절 없는 산들이 더욱더 부러워하는
도비산에 도비사가 없네
애오라지 산 하나를 인연으로
수도사, 부석사, 정각사, 백운사,
동사, 석천사, 도선사가
마치 밤하늘의 북두칠성과 같이
자리를 잡고 있네
스님들의 목탁 소리 독경 소리에
자못 궁금해 하던 UFO가
잠시간 나타났다가 사라져버렸다는
입소문의 안개도 걷힌 지 오래지만
도비산에 도비사가 없네
아니, 아니, 도비산에 도비사 있네
저 도비산이 거느린
바다 들녘과 들녘 바다에
철새들이 끼룩끼룩 찾아드는 것을 보면
일곱 개의 별을 북두칠성이라 일컫듯이
다 같은 부처를 모신
일곱 개의 절을

더불어 도비사라 해도 무방하겠네

—「원효봉에 올라」 부분

시인은 깊은 산에 올라 자연 속에서 도를 구하고자 한다. 옛날 원효대사가 올랐다는 "원효봉에 올라" 먼 들녘 너머 도비산을 바라보며 "도비사"를 보고자 한다. 하지만 "수도사, 부석사, 정각사, 백운사,/ 동사, 석천사, 도선사"는 다 있지만 도비사는 없다. 그것은 시인 마음속의 절이기 때문이다. 도비산에 있는 도비사는 인간과 자연 속에 공히 존재하고 있을 어떤 진리의 세계에 대한 시인 나름의 상징일 것이다. 인간이 만든 종교와 그 종교가 건설한 인위적인 절이라는 공간에는 그러한 진리가 있지 않다는 것을 시인은 이렇게 에둘러 표현하고 있다. 하지만 시인은 그 도비사를 문득 찾게 된다. 그것은 바로 도비산에 깃든 자연 그 자체이다. 바로 이 자연의 모습 그 자체가 가장 확실한 도를 보여주는 "도비사"가 아니겠는가 하는 깨달음이다.

박만진 시인의 시는 바로 이런 자연에 대한 재인식이다. 자연을 다시 돌아보고 그 자연 속에서 자신의 언어를 다시 찾으려는 노력이 바로 박만진 시인에게는 시를 쓰는 작업 자체이기도 하다. 다음 시가 이를 비유적으로 잘 보여주고 있다.

호밋자루를 잡고 풀을 매는 할미와

할미의 손을 잡고 풀을 매는 호미가

닮아도 많이 닮았다

초여름 뙤약볕은
내리쬐는데,

호미 할미의 혼잣말과
할미 호미의 혼잣말이
동구 밖에서도 낯설게 들리지 않는다
—「채마밭 오후」 전문

시를 쓴다는 것이 이 시(「채마밭 오후」) 속의 "할미"의 호미질과 다르지 않다는 것을 말해주는 작품이다. 호밋자루를 쥐고 있는 할미의 손과 그 손을 닮은 호미와 그 호미가 만지는 자연의 흙이 함께 만나는 순간을 시인은 포착하고 있다. 거기에서 들릴 듯 말 듯 중얼거리는 할미의 혼잣말과 호미가 땅을 파면서 내는 소리가 모두 어우러져 혼연일체를 이루고 있다. 어쩌면 이 소리가 가장 아름다운 소리이고 가장 진실한 소리일 것이다. 시인이 언어를 통해 찾고자 하는 것이 바로 이 소리이다. 인간과 자연이 노동을 통해 가장 긴밀하게 만나는 순간, 그 순간에서 나오는 거기에 삶의 진실과 세상의 이치가 다 들어 있다. 시인은 이 시간을 언어로 재현하고 있다. 그것이 바로 이번 시집 여기 실린 시들이다.

박만진 시인의 시들은 순박하다. 순박하다는 것은 촌스럽고 유치하다는 것이 아니라 꾸밈이 없다는 것이다. 이 꾸밈없는 언어로 박만진 시인은 자연을 만나고 자연을 다시 인식하고 자연을 표현한다. 그리고 그 자신도 그의 언어도 이 자연을 닮아 간다. 이 자연을 닮은 순박한 언어로 시인은 우리에게 많은 것을 생각하게 만들어 준다. 사유가 깊어질수록 인이가 단순해진다는 진실을 다시금 생각하게 해 준다.

박만진 시집

바닷물고기 나라

발　　행 2018년 1월 10일
지 은 이 박만진
펴 낸 이 반송림
편집디자인 김지호
펴 낸 곳 도서출판 지혜
계간시전문지 애지
기획위원 반경환 이형권 황정산
주　　소 34624 대전광역시 동구 선화로 203-1, 2층 도서출판 지혜 (삼성동)
전　　화 042-625-1140
팩　　스 042-627-1140
전자우편 ejisarang@hanmail.net
애지카페 cafe.daum.net/ejiliterature

ISBN : 979-11-5728-261-6 03810
값 10,000원

박만진

박만진 시인은 1947년 충남 서산에서 출생하였다. 중앙대학교 예술대학원 문예창작과 수료. 1987년 1월『심상』신인상으로 등단하였다. 1987년 2월 첫 시집『빈 시간에』를 출간한 이래『슬픔 그 껍질을 벗기면』,『물에 빠진 섬』,『마을은 고요하고』,『내겐 늘 바다가 부족하네』,『접목을 생각하며』,『오이가 예쁘다』,『붉은 삼각형』등 8권, 시선집『개울과 강과 바다』를 출간했다. 충남문학대상, 충청남도문화상, 현대시창작대상, 충남시인협회상본상 등을 수상하였으며, 현재 서산시 평생학습센터에서 시 창작 강의를 하고 있다.

자연에는 두 가지의 법칙이 있다. 첫 번째는 절약의 법칙이고, 두 번째는 연속의 법칙이다. 자연은 언제, 어느 때나 최단의 경로를 행하고, 자연은 변화가 필요할 때에도 논리적인 비약을 하지 않는다. “오른쪽 눈은 가자미/ 왼쪽 눈은 넙치// 그러나/ 바닷물고기 나라에서는// 좌파라/ 우파라// 울근불근/ 서로 싸우지 않는다.” 박만진 시인의 아홉 번째 시집인『바닷물고기 나라』는 이처럼 순수하고 꾸밈이 없지만, 그의 삶의 지혜는 인간의 사상과 이념마저도 너무나도 분명하고 명확하게 뛰어넘는다. 좌와 우, 진리와 허위, 선과 악 등, 모든 것이 가능하고 모든 것이 조화를 이룬다.

이메일 : manjini47@hanmail.net